Cc

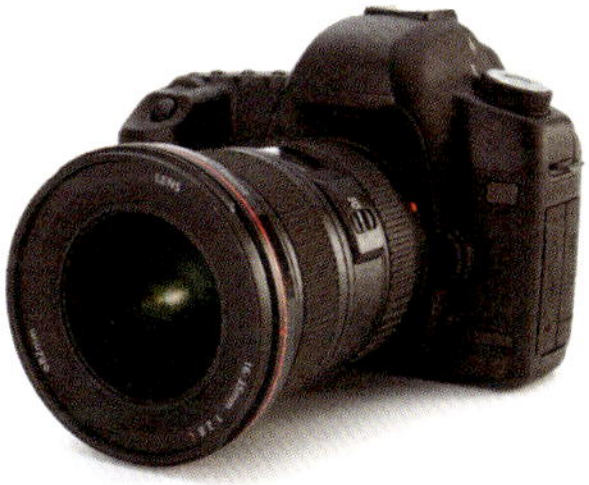

AF088129

Ransom

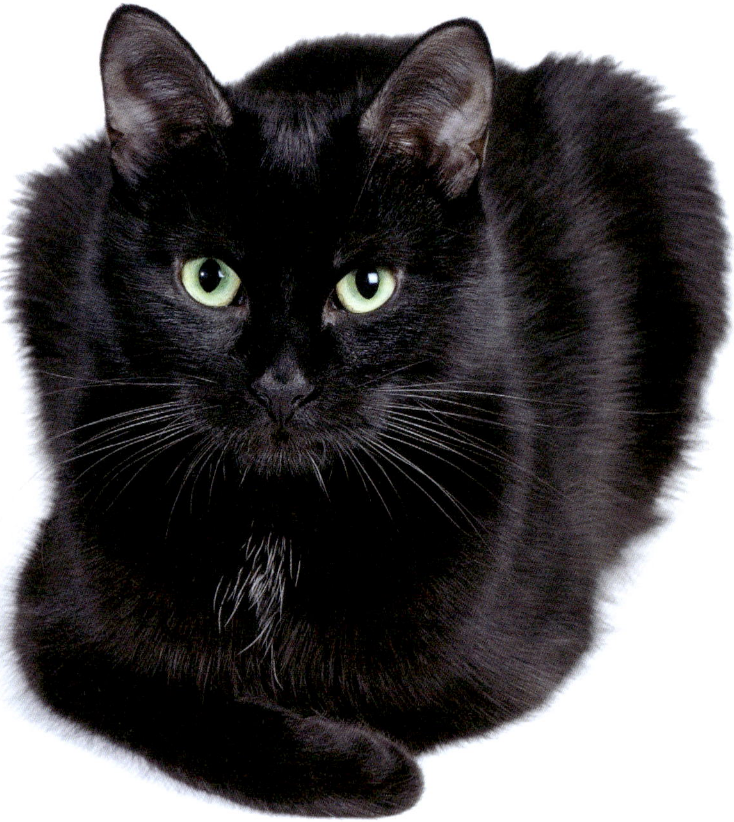

cat

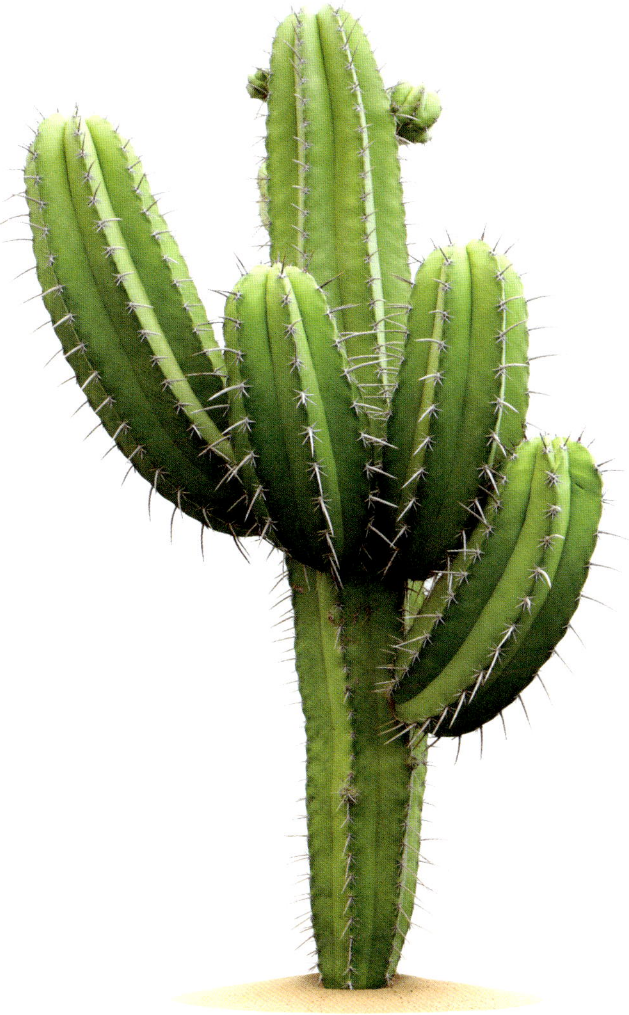

cactus

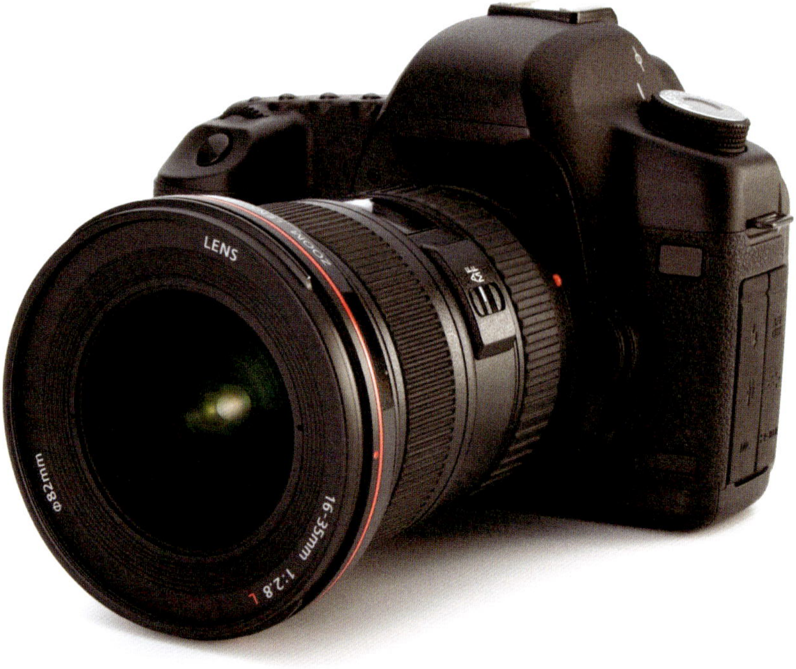

camera

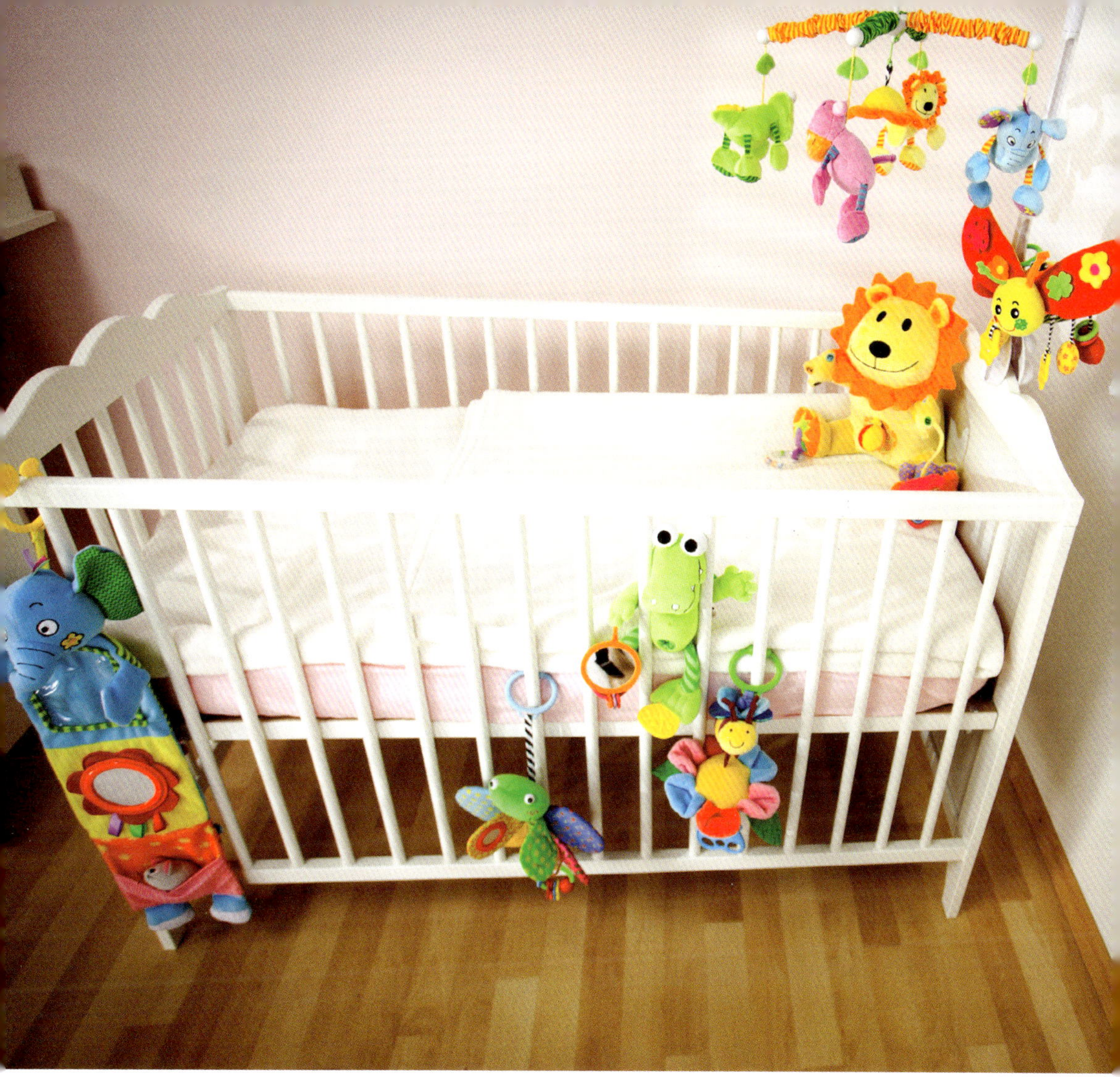

cot

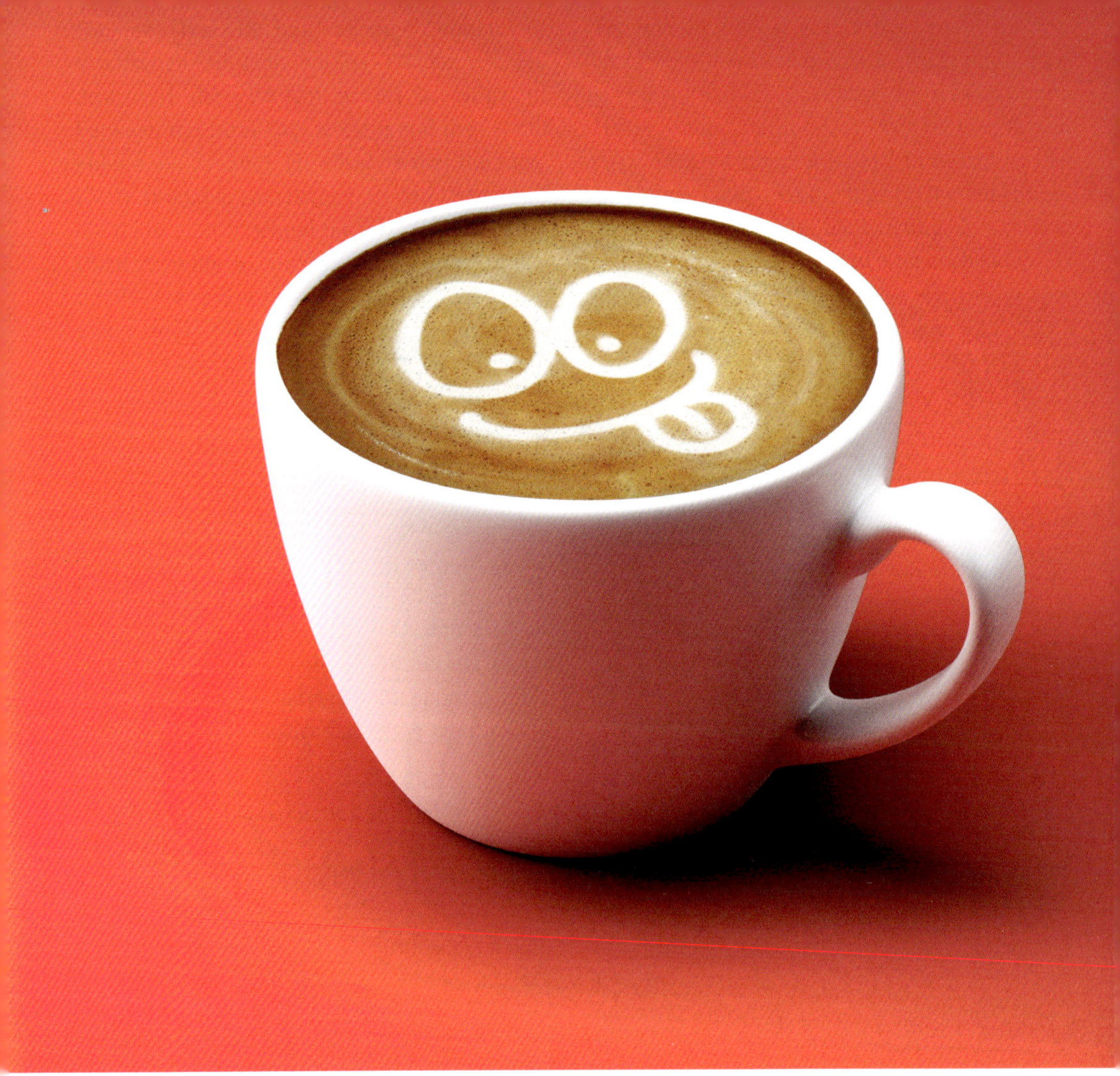

cup

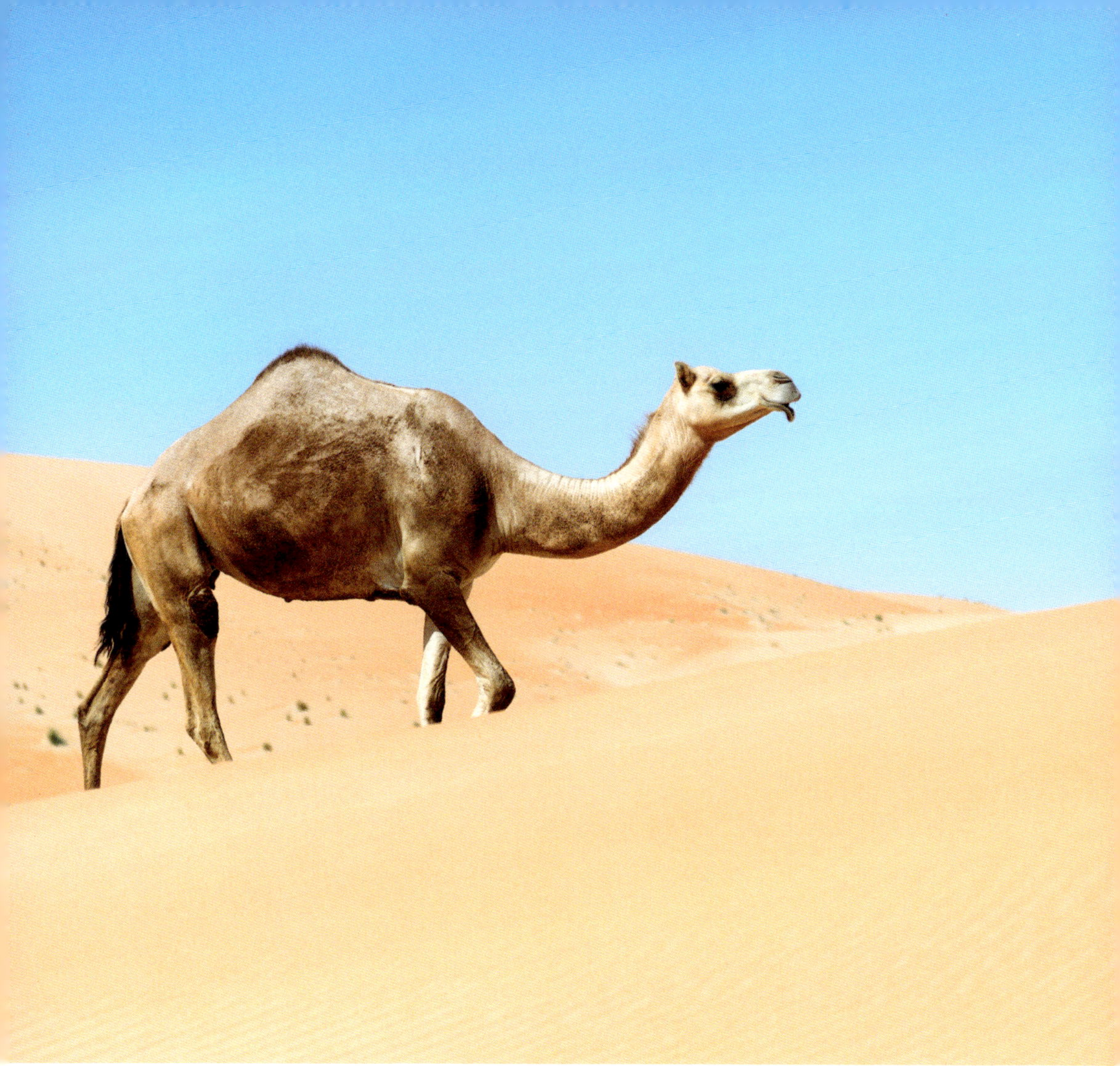

camel

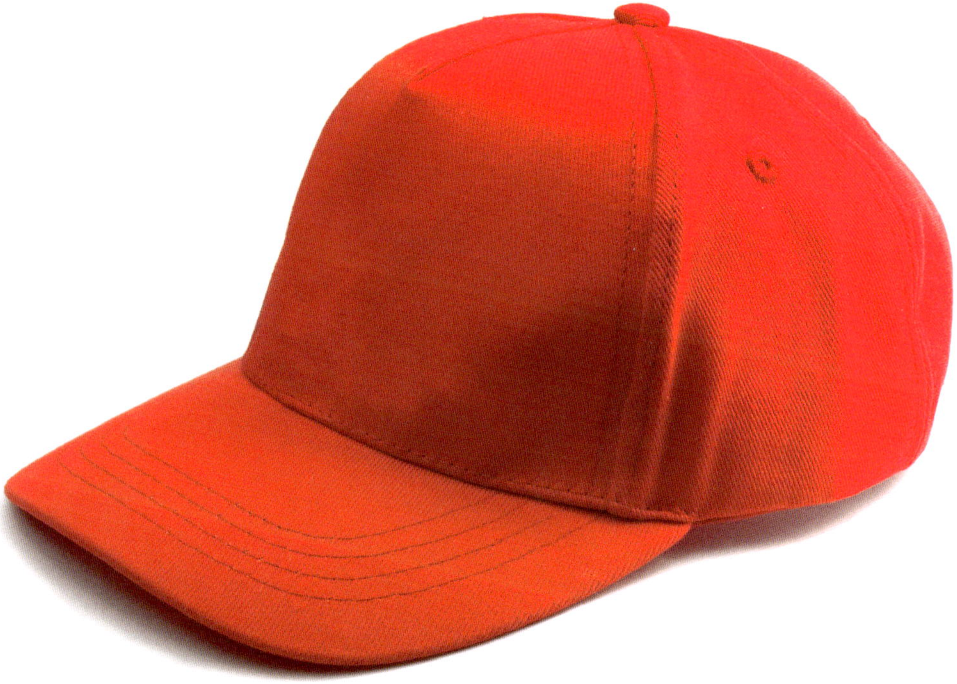

cap

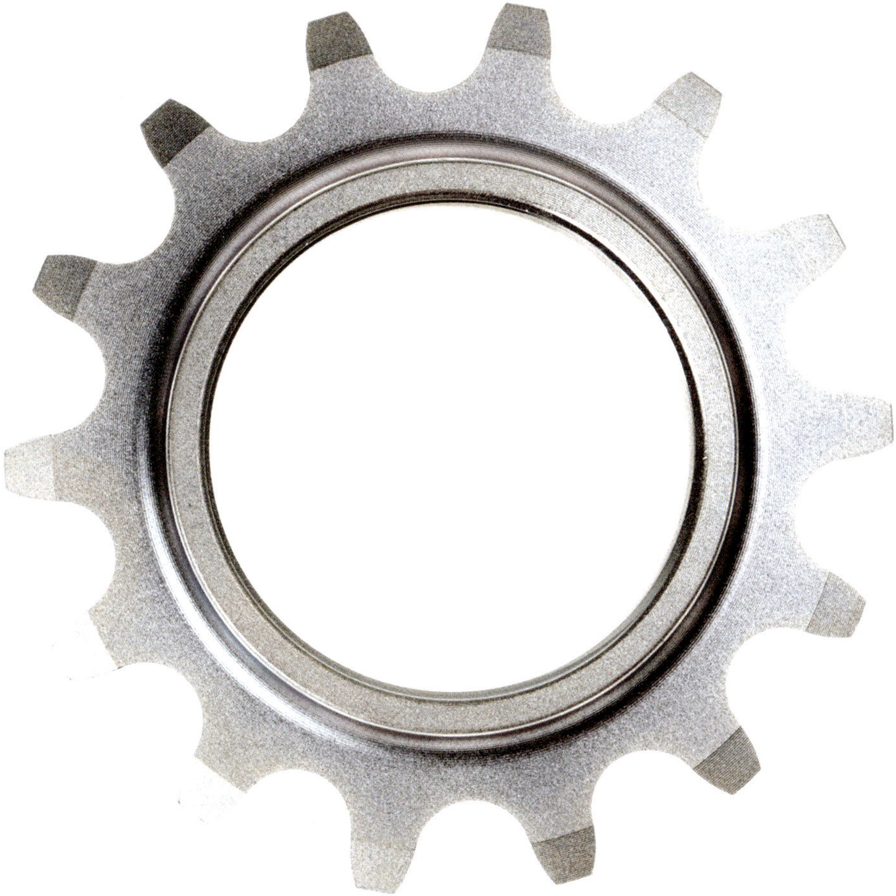

cog

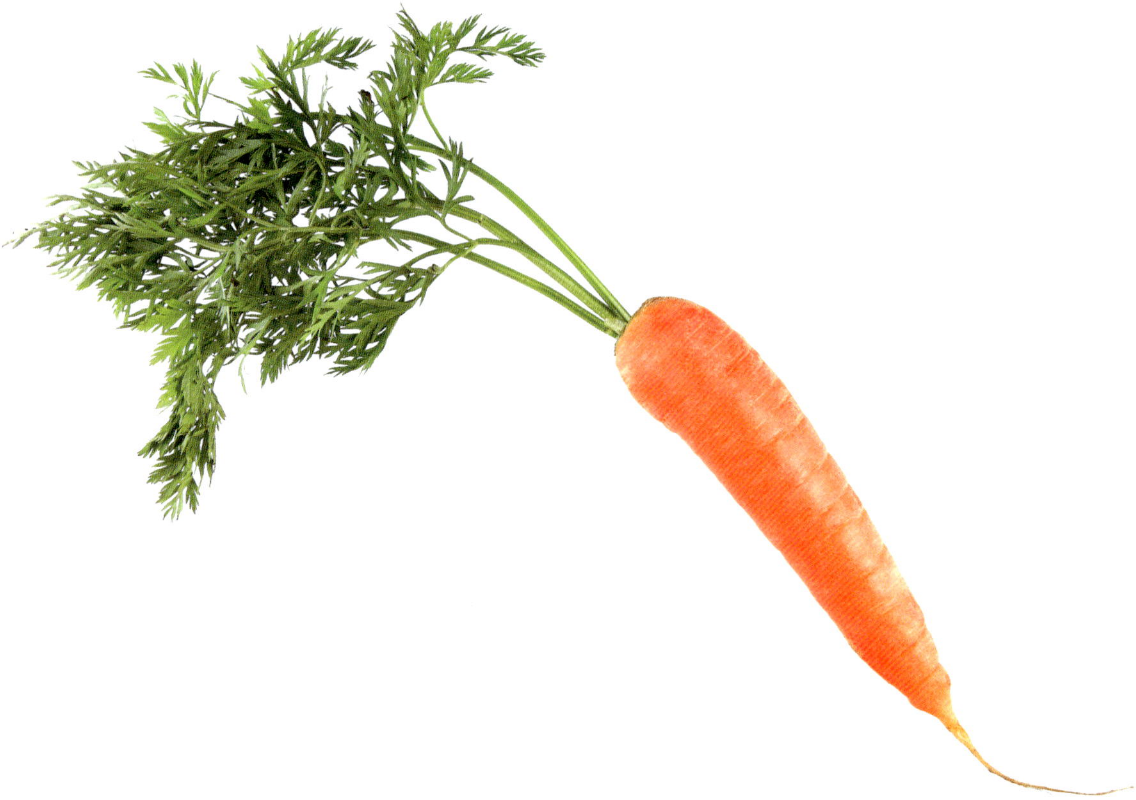

c c c c

c c c c

Cc

cat

cactus

camera

cot

cup

camel

cap

cog